En el agua

Nellie Wilder

El agua cubre la mayor parte de la Tierra.

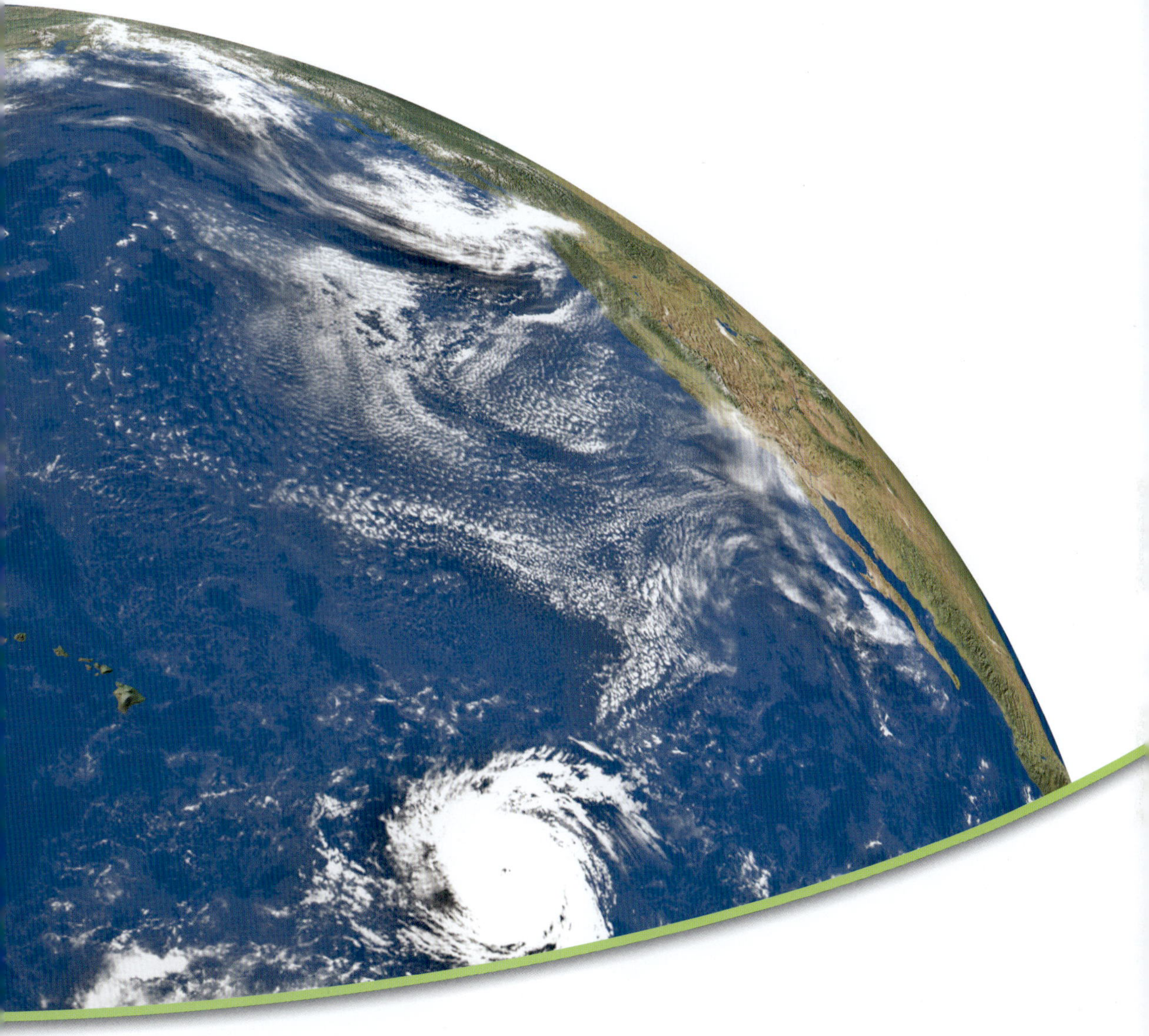

Está en los océanos.

Está en los lagos.

Está en los **estanques.**

Está en los **pantanos**.

Está en los ríos.

Está en los **arroyos.**

El agua está en todo nuestro alrededor.

¡Hagamos ciencia!

¿Cómo trabajan la tierra y el agua juntas? ¡Intenta esto!

Qué conseguir

- agua
- arena húmeda
- cesta de plástico

Qué hacer

1 Coloca arena húmeda en la cesta. Haz formas en la arena.  1

2 Vierte agua sobre cada forma. ¿Cómo se mueve el agua a través de la arena?  2

3 Si fueras un insecto pequeño, ¿qué aspecto tendría el agua para ti?  3

Glosario

arroyos: flujos de agua que son más pequeños que los ríos

estanques: pequeñas áreas de agua que no fluye

pantanos: áreas de tierra que están parcialmente cubiertas con agua

Índice

¡Tu turno!

¿Has visto un arroyo o estanque? Dibuja un tipo de cuerpo de agua que hayas visto.

Asesoras

Sally Creel, Ed.D.
Asesora de currículo

Leann Iacuone, M.A.T., NBCT, ATC
Riverside Unified School District

Jill Tobin
Semifinalista
Maestro del año de California
Burbank Unified School District

Créditos de publicación

Conni Medina, M.A.Ed., *Gerente editorial*
Lee Aucoin, *Directora creativa*
Diana Kenney, M.A.Ed., NBCT, *Editora principal*
Lynette Tanner, *Editora*
Lexa Hoang, *Diseñadora*
Hillary Dunlap, *Editora de fotografía*
Rachelle Cracchiolo, M.S.Ed., *Editora comercial*

Créditos de imágenes: págs.10, 14 iStock; págs.18–19 (ilustraciones) J.J. Rudisill; todas las demás imágenes cortesía de Shutterstock.

Teacher Created Materials
5301 Oceanus Drive
Huntington Beach, CA 92649-1030
http://www.tcmpub.com

ISBN 978-1-4258-4637-4

Printed by: 51497
Printed in: Taiwan